Tú y Yo nos Parecemos

"Tu Historia y La mía"

Pilar Meléndez

ISBN: 9798334236011

Acerca de la autora

Nací en el Departamento de Ahuachapán, El Salvador, en el corazón de Centroamérica. Actualmente, resido en los Estados Unidos de América del Norte. Con una formación académica en Teología, y en mi vida profesional, me desempeño como conferencista, pastora y, con gran orgullo, soy madre de cinco hijos.

Los desafíos y las alegrías de la vida cotidiana me han brindado una perspectiva única sobre la importancia del equilibrio, la resiliencia y el amor propio. Cada experiencia vivida ha sido una lección que me ha permitido crecer ayudando a los demás a encontrar su camino.

Mi trayectoria académica en Teología me ha permitido profundizar en la comprensión de las necesidades espirituales y emocionales de las personas. Además, mi experiencia como conferencista me ha brindado la oportunidad de compartir mis conocimientos y vivencias con audiencias diversas que buscan orientación y apoyo en su propio viaje espiritual y personal.

Como autora del libro "Tú y Yo nos Parecemos", una obra de autoayuda personal, mi propósito es inspirar y motivar a otras mujeres. A través de narrativas auténticas, reflexiones profundas y enfoques prácticos, busco ayudar a las mujeres a reencontrarse consigo mismas. Creo fielmente en Dios y en el amor, y estoy convencida de que estos son caminos hacia la plenitud integral.

Dedicatoria

Inicio esta maravillosa aventura dedicando este libro a Dios, Nuestro Gran Creador. ¡Que con sus manos divinas, llenas de amor y ternura, creó a la mujer como una auténtica obra maestra de su gran hermosura!

A mis amadas hijas: Johanna, Pilarcita y Jael. Quienes con su luz y alegría, han sido como una fuente inagotable de inspiración y motivación para escribir esta obra, reflejando en sus miradas la fuerza y la belleza que representan a todas las mujeres del mundo.

A mis hijos, Emerzon y Eduardo, por irradiarme su amor incondicional.

A mis hermanas, sobrinas, nueras, amigas y a todas las mujeres con quienes, juntas, formamos un inmenso universo lleno de diferentes historias.

¡A ti, mujer! Dedico cada letra, cada renglón, cada párrafo y cada capítulo de este libro; para que juntas podamos entrelazar tu historia y la mía, extrayendo de ellas lecciones valiosas que nos enseñen a convertir las adversidades en oportunidades para crecer y así poder contar una historia diferente.

Introducción

¡Admirable mujer! Quizá te estés preguntando: ¿será que me parezco a la dama de la portada de este libro? O posiblemente te estés diciendo, ¡pero por qué podría parecerme a ella! Cualquiera que sea tu reacción, ¡felicidades, mujer! ¡Ya tienes este libro en tus manos!

Me permito darte la bienvenida a este espacio de crecimiento personal que ha sido diseñado pensando exclusivamente en ti y en todas las mujeres que indiscutiblemente somos contadas entre las maravillas de la creación. "Tú y Yo nos parecemos" es un libro de autoayuda destinado a ser un faro de luz que alumbre el camino de toda mujer hacia una vida plena, llena de confianza, empoderamiento, amor propio y autenticidad.

Además, "Tú y Yo nos parecemos" es una hermosa invitación a explorar tu mejor potencial como mujer y abrazar a la maravillosa persona que eres, "frágil pero fuerte" y "delicada pero firme", reconociendo nuestras imperfecciones humanas sin menospreciar la enorme capacidad para crecer y romper barreras hasta conquistar nuestros sueños.

A través de este viaje podremos descubrir cómo la resiliencia puede brillar como una luz en la oscuridad después de haber recorrido el doloroso camino de la infidelidad y la traición. Te invito a profundizar a través de estas páginas en este viaje de autodescubrimiento y superación, explorando los desafíos comunes que como mujeres enfrentamos, y verás cómo cada capítulo se convertirá en un compañero de inspiración y confianza que te motivará a sacar la mejor versión de ti.

A medida que lo vayas logrando, con orgullo de mujer deseo repetirte que "Tú y Yo nos parecemos". ¡Comencemos!

Índice

Capítulo I:

¿En qué nos Parecemos?

Al sumergirnos en este hermoso capítulo juntas, nos iremos conociendo y descubriendo similitudes que tú y yo tenemos con el maravilloso hecho de ser mujeres. Toma este libro como un testimonio de la fuerza interior que reside en cada mujer, aún en los momentos más difíciles que tengamos que enfrentar en la vida.

Sé que te sigues preguntando: ¿En qué nos parecemos? Debo responderte que, si bien es cierto y entendible que cada una de nosotras es única en su esencia, compartimos similitudes que reflejan nuestra experiencia humana en común. Si pudiera mencionar algunas, estas podrían ser:

Nuestras emociones: Las mujeres compartimos una amplia gama de emociones, que incluyen amor, alegría, tristeza, ira, miedo, esperanza, etc.

Valores humanos: También compartimos grandes valores humanos como la empatía. Las mujeres, en su mayoría, tendemos a ser empáticas y compasivas, mostrando preocupación y comprensión hacia los demás. Entendemos desde nuestra sensibilidad humana la importancia de ponernos en los zapatos de las personas que sufren, librando diferentes batallas en la vida y que, por fuertes que sean, necesitarán de nuestro cuidado, apoyo y comprensión en los momentos de vulnerabilidad.

❖ Fortaleza: Nos caracterizamos por ser fuertes de muchas formas, ya sea física, emocional, mental o espiritualmente.

❖ Conexión: Valoramos las relaciones y la conexión interpersonal, buscando vínculos significativos con otras personas.

❖ Liderazgo: Las mujeres podemos ser líderes inspiradoras en nuestras comunidades, organizaciones y familias, mostrando habilidades de liderazgo en diversos contextos.

❖ Resiliencia: Somos capaces de superar desafíos y adversidades, mostrando una notable capacidad de superación.

Si has podido leer detenidamente todo lo anterior y te identificas con algunas o todas las características antes expuestas, déjame decirte, bella dama, que "tú y yo nos parecemos". En estas similitudes de mujeres, hemos vivido un cúmulo de experiencias muy agradables, poco agradables y algunas nada agradables.

Estas últimas, nada agradables, llámense actos de infidelidades, traición, irrespeto, maltratos verbales, físicos y psicológicos, en nuestra fragilidad humana, son más que suficientes para mandarnos al cuarto oscuro de la depresión y la ansiedad. Es allí donde la mujer, con mucha sabiduría y resiliencia, debe resurgir y levantar la bandera roja, hacer un "Stop" y dar el siguiente paso muy bien analizado, con coraje, valentía y resiliencia.

Y aunque el mar de la vida esté rugiendo en nuestro derredor, la resiliencia es como un ancla que nos sostiene firmes, incluso cuando las olas del mar de la vida amenazan con arrastrarnos. En medio de las tormentas y los desafíos, sólo Dios y la capacidad de recuperarnos es lo que nos permite mantenernos en pie, enfrentando la adversidad con valentía y determinación. Como un barco que navega en aguas turbulentas, la resiliencia nos ayuda a perseverar, encontrar fuerza en nuestra vulnerabilidad y confiar en nuestra capacidad para superar cualquier obstáculo que se interponga en nuestro camino.

Es muy gratificante reconocer o entender que la resiliencia no solo nos permite sobrevivir a las tormentas de la vida, sino también florecer en medio de ellas, emergiendo más fuertes y más sabias de lo que éramos antes. ¡Wow!, ¡valiente mujer! Si en tus adversidades y experiencias dolorosas decides tomar este camino, es para mí un gran orgullo decirte que "tú y yo nos parecemos".

Y para ti, valiosa dama, que aún sigues cansada navegando por las tristes y dolorosas experiencias de la vida y aún no encuentras qué camino tomar, respira profundo, analiza despacio y con mucho cuidado ve pensando en lo que te mereces. Quizá te podrías decir:

"Pero es que a algunas se nos torna difícil tomar una decisión"...
Sí, tienes toda la razón, yo también estuve allí. Me tomó un largo
tiempo tomar la decisión y es por ello que también quiero decirte
con mucho amor y desde lo más profundo de mi alma que "tú y
yo nos parecemos".

Te invito a valorarte, amarte y despojarte de toda actitud negativa
y tomar el camino de la "Actitud Positiva". Este es el camino
correcto que nos lleva a un bienestar emocional e integral; y para
obtener grandes resultados es necesario hacer grandes cambios.
Las mujeres debemos reconocer que "hacer cambios en la vida no
es fracasar, es corregir la plana y redactarla de nuevo con menos
errores".

Pero es necesario hacer cambios de actitud, estos tienen que ver
con nuestra manera de pensar. Albert Einstein escribió un valioso
pensamiento: "Locura es hacer lo mismo una y otra vez esperando
obtener resultados diferentes". Aunque el cambio de actitud es
un proceso gradual que requiere conciencia, voluntad y esfuerzo
de nuestra parte, al final lograremos obtener impactos
significativos en pro de nuestra muy anhelada calidad de vida.

No podemos pasar por alto que nuestra actitud determinará el
éxito o el fracaso. ¡Bella mujer que me lees! Permíteme esta vez la
creatividad para relatarte mi experiencia en el camino del amor a
manera de poesía. No me vayas a preguntar si soy poeta porque
no lo soy, aunque hay un refrán popular que dice: "de músicos,
poetas y locos todos tenemos un poco", y esta vez mi actitud está

en modo poeta. El poema se titula: "Rescatando mi Valiosa Dama".

Y hablando de actitud quiero contarles ahora
de una dama que un día quiso hacer de su dolor una poesía.
Pero le cerró a su amado las puertas de su aposento,
porque su amado olvidó valorar sus sentimientos.

Y la mesa del comedor ya no era un lugar de encuentros,
desapareció aquel olor a manjares suculentos.

Y dentro de un círculo vicioso de constante repetición,
se cerró la otra puerta, ¡la puerta del corazón!

Pero déjeme contarle, bella dama...
A usted que me lee con mucha sensatez,
que por treinta y cinco años, esas puertas como puertas de vaivén,
se cerraban y se abrían una vez, y otra vez.
Yo no sé, mi querida dama,
si culparle o perdonarle,
solo sé que en este tiempo he venido a rescatarle.

Bella dama que ahora escucho sollozante en su interior,
salga de ese cuarto oscuro, recobre paz interior.
Reconozco, dulce dama, que su corazón está sufriendo,
por ello quiero pedirle, ¡salga rápido y corriendo!
¡Envuélvase en el manto de coraje y valentía!
y con él seque sus lágrimas y declame una poesía.

No se estanque, bella dama,
que esperanzas hay en vida.
Salga de ese cuadro triste

y con Dios siempre hay salida.

(Pily)

Cuando las adversidades irrumpen en nuestras vidas sin previo aviso, afrontémoslas con una actitud positiva. Como sabiamente nos enseña el famoso mentor y escritor John C. Maxwell: "En esta vida o ganas o aprendes". También nos recuerda: "Su vida puede cambiar, y usted puede marcar la diferencia. No importa cuáles hayan sido sus traumas o qué errores haya cometido. Usted puede convertirse en la persona que tiene el potencial de ser; solo necesita creer en sí mismo y comenzar".

Estas poderosas palabras nos motivan a interpretar las experiencias de la vida desde una perspectiva optimista. Al enfrentar los desafíos con una disposición positiva, transformamos las experiencias amargas en valiosas oportunidades de crecimiento y mejora. A través de esta transformación, nuestra percepción de los obstáculos cambia, y en lugar de verlos como insuperables, los consideramos desafíos que debemos enfrentar con coraje, valentía y determinación. No importa si las lágrimas se presentan en el campo de batalla; incluso las guerreras más valientes también lloran, pero al final se disfruta la victoria.

Te animo a persistir y no desistir hasta lograr la vida que mereces. Si yo pude, tú puedes, porque "tú y yo nos parecemos".

Capítulo II:

Encantos y Desencantos

Encantos y Desencantos. Bienvenida a la exploración de este maravilloso capítulo a través del cual descubriremos cuando el encanto se convierte en desencanto en la relación amorosa de la mujer. Desde mi experiencia personal deseo compartir este aprendizaje de la vida ya que he podido ver y experimentar como las brillantes etapas encantadoras, fascinantes y muy llenas de ilusiones con la gran expectativa de: "Hasta que la muerte nos separe" pueden ir muriendo gradualmente al ser marcadas por grietas en el alma, erosionando la base de las relaciones hasta desbordarse en un abismo emocional; y lo que fue un hermoso y admirable vínculo de pasión, se ha transformado en un gran peso emocional, cada vez más difícil de soportar, provocando la ruptura del vínculo amoroso. Cuán necesario es entender y aprender, como ya lo han dicho los poetas y sabios; que el amor es como un hermoso jardín, que debe ser cuidado esmeradamente en todos los aspectos por ambas partes, ya que este bello sentimiento es algo tan frágil como el más delicado cristal que puede romperse ante la dura realidad de la traición, lo cual conduce al desencanto que es una sensación de desilusión y pérdida de interés. Ambos términos "encantos" y "desencantos" describen estados emocionales que pueden surgir en diferentes contextos, como relaciones personales, experiencias de vida o percepciones de la realidad. Por lo general toda relación de amor nace y vuela con las alas del enamoramiento y el encanto. En esta fase no existe la ¡montaña que no se pueda escalar!, no hay barreras que te puedan detener!, no hay obstáculos que no se puedan sobrepasar, no hay altura que no se pueda volar. Todo es un derroche de pasión, amor felicidad y por qué no decirlo, felicidades a esas relaciones "saludables" que superaron la etapa del enamoramiento llegando al verdadero amor y continúan aún encantadas en este peregrinaje de la vida.

¡¡Valiosa mujer!! Si tú eres de las que emprendiste por el sendero del encanto y más temprano que tarde te encontraste con el desencanto, ¡Tú y Yo nos parecemos!

El desencanto en la relación conyugal de una mujer puede ser causado por una variedad de factores:

-Falta de comunicación: La comunicación deficiente o la incapacidad para expresar necesidades, deseos y preocupaciones, puede generar desencanto en la relación. Cuando una mujer siente que no es escuchada o comprendida por su pareja, puede experimentar frustración y desconexión emocional.

❖ -Conflictos no resueltos: Estos pueden socavar la calidad de la relación y provocar desencanto. Si una mujer y su pareja no pueden encontrar formas efectivas de resolver sus diferencias es probable que se acumulen resentimientos y amarguras que afecten el encanto en la relación.

❖ -Falta de apoyo emocional: Este es fundamental en una relación de pareja. Cuando una mujer siente que su pareja no está disponible emocionalmente o no la apoya en momentos de necesidad, puede experimentar desencanto y soledad en la relación.

❖ -Desequilibrio en las responsabilidades: Si la mujer siente que lleva una carga desproporcionada de responsabilidades en la relación, ya sea en términos de trabajo doméstico, cuidado de los hijos o contribuciones financieras, puede experimentar desencanto y resentimiento hacia su pareja.

❖ -Falta de intimidad física: Genera desencanto en la relación. Cuando una mujer se siente distante de su pareja, puede experimentar pérdida de conexión emocional.

- La infidelidad: Es considerada como una brisa fría que entra al corazón, apagando lentamente el fuego del amor, ya que implica una falta grave a la confianza en la relación, causando dolor, trauma psicológico, inseguridad y deterioro de autoestima; conllevando a la pareja a terminar con el encanto amoroso que compartieron.

Cuando la mujer experimenta la sensación de haber sido engañada y traicionada también puede llevarla a desarrollar sentimientos de ansiedad y depresión para lo cual es necesario buscar ayuda profesional.

Es un desafío monumental reconstruir una relación después de la infidelidad y recuperar el encanto amoroso perdido.

La infidelidad puede tener un impacto significativo en el estado emocional de una mujer. Puede provocar una amplia gama de emociones, como dolor, ira, tristeza, confusión y falta de autoestima. La sensación de haber sido engañada y la pérdida de confianza en la pareja pueden afectar profundamente la autoestima y la seguridad emocional de la mujer.

El proceso de recuperación puede ser doloroso, largo y difícil; cada mujer puede experimentarlo de manera diferente según su situación y sus recursos emocionales disponibles.

¡EL CAMINO DEL PERDÓN!

Las mujeres en su mayoría, en aras de restaurar la relación rota, optan a costa de lo que sea escoger el camino del perdón, ¡perdón, perdón!, ¡Yo lo amo, por eso lo perdono, no quiero quedarme sola, por eso lo perdono!; Siempre el camino hacia la paz será el perdón, pero, ¡mucho cuidado! No quiero decir que perdonar está mal, es lo más saludable para el bien emocional propio, el problema es cuando el exceso de perdón se convierte en un "Perdón dañino".

El perdón excesivo puede convertirse en complicidad cuando se permite que las acciones perjudiciales continúen sin consecuencias y se perpetúe un ciclo de abuso o mal comportamiento.

Algunas señales de que el perdón excesivo se ha convertido en complicidad son:

-Patrón repetitivo de comportamiento dañino: Si una persona perdona repetidamente por las mismas o distintas acciones perjudiciales sin que haya arrepentimiento y cambio real en el comportamiento de la persona que ha causado el daño, esto puede indicar complicidad de manera consciente o inconscientemente.

En resumen de lo anterior, es importante establecer límites personales saludables y buscar ayuda si se encuentra en una situación de complicidad. Bella mujer, si has perdonado una y otra vez, seguramente la relación ha caído en un círculo vicioso.

No quiero terminar este capítulo sin antes dirigirme a la mujer cristiana, ya que he visto casos de grandes mujeres cristianas que por la mala interpretación de un hermoso texto bíblico que dice: "La mujer sabia edifica su casa; mas la necia con sus manos la derriba". Proverbios (14:1 RVR1960)

En aras de cuidar este importante título de sabias que lo hemos ganado a prueba de un comportamiento integral en la vida muchas optamos por soportar los abusos y actos de infidelidad de la pareja y en obediencia al texto sagrado se toma acción de soportar esta pesada carga emocional. Bella dama, estoy aquí para compartir contigo y decirte; que si vas por ese camino, regrésate inmediatamente; yo ya vengo de recorrerlo y es tortuoso, escabroso y sofocante. Sabiduría es reconocer el camino hacia la felicidad, la armonía y el amor.

Permíteme explicarte que este proverbio no se refiere específicamente al perdón de la infidelidad del cónyuge. Más bien destaca la importancia de la sabiduría y las acciones prudentes de una mujer en la construcción de su hogar y su familia.

¡Valiosa mujer! En conclusión permíteme recordarte que a través de cada sonrisa y lágrima, descubrimos que los encantos son los susurros del alma que nos invitan a soñar, mientras que los desencantos son las maestras silenciosas que nos ayudan a crecer. Nos recuerdan que, como mujeres, poseemos una fortaleza innata y una resiliencia inquebrantable.

Cada amanecer nos encuentra en una encrucijada, armadas con las lecciones del pasado y la esperanza del futuro, listas para abrazar la magia de lo incierto y el poder transformador de nuestras propias decisiones. En este viaje, aprendemos a valorar nuestra propia voz, a celebrar nuestra autenticidad y a reconocer que, aunque los desencantos puedan intentar debilitarnos, siempre encontraremos la manera de resurgir con más fuerza, gracia y sabiduría.

Capítulo III

Reencontrándome conmigo

Querida lectora, al adentrarte en este capítulo, quiero invitarte a que lo leas con un espíritu de profunda reflexión, dejando a un lado la emoción momentánea y activando la razón. Aprovecha este momento para reconectar con tu esencia y para redescubrir quién eres realmente y así poder sembrar las semillas del cambio que deseas ver en tu vida.

Antes de sumergirnos en el concepto de "Reencontrándome conmigo", reflexionemos sobre su antónimo: "Perdiéndome en mí misma". Este es un estado real y desafiante que muchas mujeres enfrentamos en algún momento de nuestra vida. Se trata de una desconexión y pérdida de identidad que ocurre gradualmente, sin darnos cuenta, alejándonos de nuestra verdadera esencia y llevándonos a un terreno donde nuestra identidad se diluye.

Cuando nos desconectamos de los valores que nos definen como mujeres, perdemos la autoestima y optimismo que una vez nos guiaban y nuestro cerebro se alinea con el pesimismo, aceptando como normales acciones y expresiones que atentan contra nuestra integridad. Frases como "el amor no existe", "en la vida todo es mentira", "la felicidad es una utopía", "soporto esto porque no puedo sobrevivir sola", "algún día cambiará", "me he dado por vencida", y "he perdido la esperanza", Todo esto se convierten en una narrativa limitante que aceptamos como verdades.

Este pesimismo y conformismo nos llevan a tolerar acciones de violencia verbal, psicológica, física, emocional, sexual y económica. La resignación y la derrota se instalan en nuestra mente, haciéndonos creer que debemos aceptar estas circunstancias como inevitables. A menudo, caemos en la fase errónea de aceptar que somos culpables por haber elegido mal, resignándonos a pagar las consecuencias de esa elección como una especie de castigo autoimpuesto; al declararnos culpables, también aceptamos como parte normal de la vida soportar el dolor y la humillación de la que estamos siendo objeto por parte de nuestra pareja.

Para comenzar este proceso de reconexión, quiero que imagines algo muy especial: La voz de tu verdadero ser como una llama interior. Imagina por un momento que dentro de ti hay una llama encendida, una chispa que nunca se apaga. Esta llama representa tu verdadero ser, tu esencia más pura y auténtica. Aunque a veces parezca débil o casi invisible, siempre está ahí, esperando ser avivada. Cuando esa llama se reaviva, produce una claridad y un brillo intenso que irradia luz por doquier. No continuemos por esta hermosa vida permitiendo que las actitudes del desamor, la manipulación y el narcisismo de un esposo, novio o pareja, opaquen o hasta apaguen la llama de nuestro verdadero ser.

La reconexión implica también el autocuidado. Reconoce que eres humana, que puedes cometer errores y que está bien, pero además permítete sentir y experimentar tus emociones sin juzgarte.

Dedicar tiempo a actividades que te nutran y te hagan sentir bien, también es clave en el proceso de reconexion. Puede ser leer un buen libro, pasear por la naturaleza, meditar, practicar algún deporte, caminar por un parque o simplemente disfrutar de un momento de tranquilidad. El autocuidado no es un lujo, es una necesidad. Es necesario cambiar nuestras historias y reiniciar nuestra forma de ver la vida. Las historias que nos contamos a nosotras mismas moldean nuestra realidad. Si constantemente te dices que no eres suficiente, que no mereces amor o que no puedes cambiar, esa será tu realidad. Es momento de cambiar esa narrativa.

Empieza a contarte una nueva historia. Una historia en la que eres fuerte, capaz y merecedora de todo lo bueno que la vida tiene para ofrecer. Escribe afirmaciones positivas y recítalas diariamente. Llénate de pensamientos que te empoderen y te impulsen hacia adelante.

No estás sola en este viaje. Busca apoyo en amigas, familiares, grupos de apoyo espirituales y profesionales que te ayuden a mantenerte en el camino correcto. Rodearte de personas que te comprendan y te animen es esencial para mantenerte fuerte y motivada.

Finalmente, quiero invitarte a confiar fielmente en El Poder de Dios, esto tiene un impacto profundo en nuestra mente. Luego háblate a ti misma: "Yo soy fuerte", "Yo soy valiosa", "Yo soy capaz", "Yo soy suficiente". Repítelo hasta que lo creas. Y cuando se presenten las batallas más difíciles de la vida es el momento oportuno para sellar tu vida con el emblema de "Mujer Guerrera". Este emblema simboliza una transformación poderosa y fundamental. Ser una "Mujer Guerrera" no significa ser invulnerable o insensible; al contrario, es reconocer nuestra fragilidad y, a pesar de ella, no quebrarnos. Es entender que podemos ser delicadas como una flor, pero con la determinación y la resistencia de un roble. La "Mujer Guerrera" enfrenta cada desafío con valentía. Acepta sus errores y aprende de ellos, sin permitir que la culpa la paralice. Ella se levanta una y otra vez, sin importar cuántas veces haya caído, porque sabe que cada caída es una lección y cada levantamiento una victoria. Este comportamiento es el reflejo de una fuerza interna que, aunque a veces se sienta agotada, siempre encuentra la manera de renovarse. Una "Mujer Guerrera" enfrenta la adversidad con una actitud resolutiva. Aunque los vientos de la vida la azoten con fuerza, ella se mantiene firme, flexionando pero sin romperse. Sus raíces están profundamente ancladas en sus valores y en su fe, lo que le permite resistir las tormentas más feroces. Su fragilidad no es una debilidad, sino una muestra de su humanidad, y su capacidad para no quebrarse es un testamento de su fortaleza. Reconozcamos que cada mujer vive sus desafíos de manera única.

Para algunas, superar estas pruebas puede parecer sencillo, mientras que para otras, como fue mi caso, puede ser un proceso arduo, doloroso y largo. En mi experiencia por este camino, me tomó treinta y cinco años reencontrarme conmigo misma. Durante ese tiempo, el ciclo vicioso de infidelidades se había convertido en una parte aparentemente normal de mi vida. Espero de corazón, valiosa lectora, que en esta parte de mi historia "Tu y Yo no nos parezcamos", pues a pesar de ser una mujer profesional y muy independiente, aún con todo esto me encontraba perdida en cuanto a la conciencia de mis capacidades como mujer.

Quiero dirigirme también a las mujeres cristianas, que, como yo, han tenido un encuentro espiritual con Dios. Ser humanas e imperfectas nos hace vulnerables a perdernos entre las tormentas de la vida. La depresión y la ansiedad pueden cegarnos, haciéndonos olvidar que una fuerza poderosa nos acompaña siempre. En un momento de desesperación y necesidad, me conecté profundamente con la poderosa fuerza de Dios, nuestro Creador. Le supliqué que me ayudara a salir del infierno que estaba viviendo a causa del desamor y las faltas de respeto de mi cónyuge. Dios escuchó mi oración y, en respuesta, sentí literalmente un olor que solo puedo describir como el aroma de una fresca etapa de primavera. Este fue un signo tangible de la renovación y esperanza que estaba por venir en mi vida.

Como teóloga, me resulta imperativo animarte a que, ante cualquier circunstancia adversa que no puedas resolver por medios humanos, recurras a esa fuerza Superior. Dios es una fuente inagotable de fortaleza, auxilio, consuelo y esperanza. No importa dónde te encuentres, eleva una oración desde lo más profundo de tu corazón, en tus propias palabras. Esta será la llave que abrirá la puerta hacia una salida, permitiéndote reencontrar contigo misma, con la compañía de Dios. Vale la pena vivir esta experiencia. Los reencuentros están llenos de emociones, alegrías y nuevas oportunidades. En esta nueva etapa, una luz de razón iluminará tu camino, permitiéndote entender la vida desde una mejor perspectiva. Aprenderás que no se trata de exigir amor, sino de amarte a ti misma; no se trata de exigir respeto, sino de respetarte; no se trata de exigir valoración, sino de valorarte. Este valioso reencuentro con tu verdadero yo te permitirá seguir creyendo en el amor como un sentimiento puro y verdadero. Descubrirás la dicha de la felicidad y comprenderás que la vida, a pesar de sus desafíos, es hermosa. Te darás cuenta de que no todas las personas son iguales y que hay muchas más con grandes valores morales y espirituales. Finalmente, lo más maravilloso que descubrirás es que, con Dios a tu lado, eres capaz de superar cualquier obstáculo, por difícil que parezca. Dios te ha dotado de grandes dones, talentos y habilidades, y siempre habrá una luz de esperanza en cada circunstancia.

Querida amiga, si en el transcurrir de tu vida has viajado a lugares maravillosos que te impactaron y dejaron un lindo recuerdo en ti, hoy quiero invitarte a que hagas un viaje "Hacia Tí Misma". Te garantizo que será un viaje muy hermoso y transformador que te dará una gran satisfacción y querrás compartirlo con tus amigas, familiares y con todas las mujeres, si lo aceptas es para mí de mucho agrado darte la bienvenida a este reencuentro contigo misma. Bienvenida a la renovación de tu espíritu, donde cada paso que des será como una suave brisa de primavera, llenando tu vida con una fresca y agradable fragancia. Que este nuevo capítulo de tu vida sea como un jardín floreciente, lleno de colores vibrantes, aromas dulces y la promesa de un nuevo amanecer. Que tu corazón se llene de esperanza y alegría, y que cada día sea una oportunidad para redescubrir la belleza y fortaleza que llevas dentro de ti. Bienvenida a tu propia primavera, donde renaces con cada flor que brota y cada rayo de sol que ilumina tu camino. ¡Bienvenida a la vida que te mereces!

Capítulo IV:

Reconstrucción de autoestima y confianza

¡Mujer bella y valiosa! Continuemos este recorrido a través de las páginas de este interesante libro que nos une en experiencias que nos hacen descubrir que "Tú y Yo nos parecemos" y no puedo avanzar en el recorrido por esta parte de la historia, sin dejar plasmado un breve relato cercano y significativo basado en la experiencia de mi mejor amiga. Quien de niña fue educada en una familia muy sólida con todos los cuidados, protección y formación de sus amorosos padres (Que en paz descansan) Decidió unir su vida con el hombre que consideró "el hombre de sus sueños" y el único requisito que pidió a su amado fue: "Amor y Fidelidad" Un pedido que no requería riquezas materiales, solamente un compromiso sincero. Cabe mencionar que este relato narrativo, aunque parezca una novela, es en esencia un testimonio genuino de la vida real, y en la primera etapa que se conoce como "luna de miel", la infidelidad se hacía presente en su sueño de amor. Su primera actitud fue: "luchar por este amor, perdonar y superar" Con el transcurrir del tiempo y creyendo ciegamente que el mal estaba superado... ¡La infidelidad apareció de nuevo! Esta vez se preguntó y le preguntó a su amado: ¿cuál es mi error, en qué estoy fallando? Y la respuesta a esas preguntas fue, ¡por favor, perdóname, no volverá a pasar! Esta respuesta cargada de promesas vacías le provocó una combinación de resentimiento, amor y perdón y otra vez la actitud de perdonar, superar el sabor amargo y avanzar.

El tiempo continuó su paso por la vida y cuando menos lo esperaba... la infidelidad apareció de nuevo. Esta vez se sorprendió mucho más, hay un refrán que dice: "a las tres veces es la vencida" su reacción ante esto fue, ¡aquí se terminó todo este sueño!, ya que el sueño de amor dejó de ser sueño y se había convertido en una pesadilla, optando por la separación conyugal. Acto seguido, entre lágrimas, perdóname, no volverá a suceder, eres la razón de mi vivir y una supuesta actitud de arrepentimiento. Otra vez la noble dama si a esto se le pudiera llamar nobleza, opta por dar una nueva oportunidad en nombre del amor y decide "Perdonar, Intentar superar el mal sabor de la relación y avanzar" Y como decimos algunas veces en vocabulario coloquial, "Para no hacer más largo este cuento" En todo el transcurso de treinta y cinco años, ¡sí! treinta y cinco años de matrimonio... la infidelidad, con diferentes nombres y rostros, ¡nunca desapareció!

En esta etapa de la historia, esta bella dama había perdido su autoestima y sin darse cuenta había perdido también el amor propio y el respeto por sí misma. Déjame decirte, valiosa mujer, que perder estos componentes tan valiosos en la vida es una experiencia devastadora, dolorosa y desafiante, ya que si nos embarcamos en el camino del amor al que todos tenemos derecho a través de una relación de pareja, esto es para amarnos, respetarnos, comprendernos y complementarnos. Al no encontrar estos fuertes ingredientes en la relación, la autoestima desaparece totalmente y nos encontraremos en un lugar oscuro y desorientado, atrapadas en un círculo de autocrítica y dudas constantes sobre nuestro valor como mujeres, viviendo en una constante lucha por levantarse e intentar salir del cuarto oscuro y enfrentar el mundo como si no mereciéramos nada de lo bueno que la vida tiene para ofrecer. Y es entonces cuando no solo se toca la puerta sino que se entra al cuarto oscuro de la depresión que es el resultado de un exceso de pasado, y la ansiedad, conocida también como el exceso de futuro. Nuestra mente entra en una etapa de confusión en defensa de ese bello sentimiento llamado "AMOR", en esta etapa de confusión surgen preguntas como: ¿es esto en realidad amor?, ¿Pero si dice que me ama? Dice que soy el amor de su vida, pero ¿por qué me trata así? ¿Por qué es así el amor?, En la Biblia se lee un texto que dice: "Las muchas aguas no pueden apagar el amor, ni los ríos pueden ahogarlo". Si un hombre tratara de comprar amor con toda su fortuna, ¡su oferta sería totalmente rechazada! Cantares 8:7 (NTV)

¡Linda y maravillosa definición de AMOR! Lo suficientemente poderosa para evacuar cualquier confusión mental sobre el verdadero amor . De esta linda definición bíblica podemos obtener una buena reflexión: y es que una relación basada en el irrespeto, la mentira, el maltrato físico y psicológico, y la infidelidad entre otros. Podrá ser cualquier cosa pero no amor.

Al lograr comprender esto, se está entrando en la etapa de aceptación.

Esta etapa es un proceso de reconciliación con la realidad, que permite a la persona adaptarse, tomar medidas y, eventualmente, encontrar un nuevo equilibrio emocional, entendiendo que hay situaciones que no se pueden cambiar pero sí podemos encontrar una solución sabia y desistir de continuar nadando contra corrientes.

¡Mujer valiosa! No sé cuánto estás permitiendo que dure tu etapa, ¡la de mi mejor amiga duró treinta y cinco largos años! Y me permito escribir este pequeño párrafo para decirte que en cuanto a su reacción tardía, me gustaría que por favor, ¡Tú y Yo, no nos parezcamos a ella! ¿Por qué esperar tantos años para tomar una decisión sabia que cambiará el rumbo de toda una linda vida? ¡Treinta y cinco años! ¡Demasiada capacidad para sufrir!, sal inmediatamente de ese cuarto oscuro, y ¡cambia tu lamento en alegría y paz interior! Haz un análisis desde tu misma conciencia, no continúes encerrada en ese "círculo vicioso" de ¡repetición y repetición! Si sientes que has caído en una etapa de relación disfuncional y ya agotaste por todos los medios posibles y no ves cambios en tu relación, haz uso de tu sabiduría, desiste de este patinaje y con mucha sabiduría pon los pies sobre la tierra y con pasos firmes reinicia tu vida. Dios nuestro Creador nos ha dotado de una chispa milagrosa llamada "inteligencia" Encendamos esa chispa, levantémonos, y corriendo demos paso a ¡reconstruir nuestra autoestima! ¡No hay tiempo para quedar postradas en el muro de los lamentos! Es tiempo de resurgir, es tiempo de respetarnos, es tiempo de amarnos y reconocer que somos muy valiosas. Es muy entendible que no es tarea fácil pero tampoco imposible. Construir la autoestima tiene que ver con el desarrollo inicial de la confianza en uno mismo, desarrollando bases sólidas a través de técnicas como el autocuidado, la afirmación positiva, la identificación y el cultivo de fortalezas personales, la búsqueda de experiencias y relaciones que fomenten la autoaceptación en uno mismo. Si las adversidades de la vida como: relaciones tóxicas, eventos traumáticos, fracasos personales o profesionales, destruyeron nuestra autoestima, este es el momento para reconstruir. Reconstruir tiene que ver con sacar el máximo esfuerzo y autorreflexionar para poder sanar las heridas emocionales, recuperar la confianza en nosotras mismas y desarrollar habilidades efectivas para lidiar con los desafíos futuros que se nos puedan presentar. Si lo logramos, nos encontraremos con una mayor satisfacción personal y descubriremos que a cambio de encerrarse a llorar en el cuarto oscuro de la depresión y ansiedad, una vida plena, significativa y brillante espera por nosotras.

Capítulo V

Rescatando el Verdadero Concepto de Amor y Felicidad

Cuando dos almas se entrelazan en una relación de pareja, lo hacen en la búsqueda incansable de la felicidad a través del amor. Este capítulo se sumerge en esta temática de vital importancia y te invita a reflexionar profundamente sobre este valioso contenido de superación personal.

Para ser fiel y auténtica en lo que compartiré contigo, me tomé el tiempo de conversar a profundidad con amigas cercanas y lejanas, unidas por lazos de confianza, sinceridad y empatía. A todas les hice la misma pregunta:

¿Qué te une a tu pareja después de descubrir que te ha sido infiel?

Las respuestas fueron diversas:

- ❖ Porque me siento incapaz de sobrevivir sin él.
- ❖ Por costumbre.
- ❖ Porque dependo de él.
- ❖ Por mis hijos.
- ❖ Porque yo soy la que está en casa.
- ❖ Porque, aunque él sea infiel, me dice que soy su reina.
- ❖ Por temor a las críticas.
- ❖ Porque mi religión no me permite divorciarme.
- ❖ Porque vendrá otra y será la dueña de los bienes.
- ❖ Porque ya estoy muy vieja.
- ❖ etc.

Si reflexionamos desde lo más profundo de nuestra conciencia, al analizar estas respuestas, podemos descubrir que el sentimiento verdadero llamado "AMOR" se ha marchado como un prudente caballero, dejando relaciones unidas por vínculos que ya no son precisamente amor. Y donde no hay amor, tampoco habrá "Felicidad".

Profundizando en esta problemática presente en la sociedad, se puede descubrir que el verdadero concepto del sentimiento del AMOR se ha deteriorado y, en algunos casos, se ha perdido. Cabe entonces preguntarnos: ¿Cómo puede una pareja decir que se aman, cuando no existe el amor? El amor es un ingrediente infaltable en una relación de pareja.

Al hablar del verdadero sentimiento del AMOR, nos referimos a la comprensión auténtica y genuina de algo que se ha distorsionado y necesita ser recuperado. El amor verdadero es una emoción interna de conexión, afecto, empatía y cuidado hacia la otra persona con quien hemos unido nuestra vida, concluyendo en una sensación de bienestar llamada "FELICIDAD".

Pausémonos un momento y autorreflexionemos: ¿Estoy dando y recibiendo amor? Si la respuesta es no, intentémoslo una vez más, en honor al amor y por la dicha de la felicidad. Pero si ya hemos intentado muchas veces sin lograr un sincero acuerdo y comprensión, estamos viviendo dentro de una relación insana donde se han violado y sobrepasado los límites de una relación saludable. Es sabio reconocer que estamos frente a una relación irremediablemente rota.

Muchas parejas se sienten atadas a la relación porque, al contraer el compromiso conyugal, prometieron amarse en las buenas y en las malas, hasta que la muerte los separe. Esta solemne promesa implica que el amor no está limitado solo a los momentos felices, sino también a los desafíos y dificultades. Es un compromiso de apoyarse mutuamente en todas las circunstancias de la vida.

Sin embargo, la infidelidad y todo tipo de violencia en una relación donde no existe la idea de hacer cambios sinceros y significativos de actitud, será siempre un grave obstáculo. Amarse en las buenas y en las malas no significa tolerar comportamientos de abuso conyugal. Una relación que intenta sobrevivir dentro de un cuadro de infidelidades y violencia puede convertirse en una relación masoquista y disfuncional. Ante tal situación, nadie está ni debería estar obligado a soportar abusos.

Retomando las respuestas compartidas de algunas damas al principio de este capítulo, quiero hacer referencia al: Materialismo vs. Amor. El materialismo y el amor son dos fuerzas que frecuentemente chocan en nuestra sociedad. Mientras el amor se basa en la conexión emocional, la empatía y el apoyo mutuo, el materialismo se enfoca en la acumulación de bienes materiales y el estatus.

En un mundo donde el materialismo disfrazado de amor es exaltado, es importante resaltar que el amor verdadero no puede ser comprado. El amor nos conecta a un nivel más profundo, trascendiendo las posesiones y las apariencias. Si bien lo material puede ofrecer comodidades temporales, el amor genuino enriquece la vida, brindando verdadera satisfacción y plenitud.

No se está menospreciando la importancia de los bienes materiales, si estos van bien coordinados con el amor para obtener la "Felicidad". Es crucial encontrar un equilibrio entre ambas fuerzas y no olvidar que el amor auténtico será siempre la esencia de la verdadera riqueza. Con Dios y amor en la relación, estamos preparados para amarnos en las buenas y en las malas.

Pero si el amor murió antes que nosotros en la relación, es sabio reconocer el territorio emocional complejo y desafiante en el que hemos caído. Aceptar la dolorosa verdad nos obligará a confrontar nuestras emociones y buscar la manera más saludable de desapegarnos de esta relación disfuncional.

Concluyo este capítulo reafirmando que, a pesar de las tristes y dolorosas experiencias, siempre habrá una luz de esperanza para reencontrarnos con la felicidad. El amor puede florecer en formas nuevas e inesperadas. Por fuerte que soplen los vientos, siempre llegará la calma; por oscura que sea la noche, siempre brillará la luz de un nuevo amanecer. ¡Los huracanes no llegan para quedarse!

¡¡Valiosa y bella dama que me lees con atención, no permitas que la felicidad deje de florecer en el jardín de tu alma!!

Capítulo VI

Mujer con Firmeza y Determinación.

La firmeza y determinación de una mujer es comparada simbólicamente con el hierro que se mantiene firme ante el desafío del fuego, y como el oro que a prueba de fuego es comprobada su autenticidad. Una mujer valiente y determinada se aferra a su convicción en cada desafío que la vida le presente, resistiendo con tenacidad las abrumadoras situaciones que intentan debilitarla. En su firmeza y fuerza interior encuentra la fortaleza para resurgir más fuerte, inquebrantable y brillante convirtiéndose en un verdadero ejemplo de coraje y determinación.

Hay una interesante reflexión cuya autoría es atribuida a un personaje conocido como (La madre Teresa de Calcuta) y dice: "Siempre ten presente que:

"La piel se arruga.
El pelo se vuelve blanco.
Los días se convierten en años...

Pero lo importante no cambia; tu fuerza y tu convicción no tienen edad.

Tu espíritu es el plumero de cualquier tela de araña.

Detrás de cada línea de llegada, hay una de partida.

Detrás de cada logro, hay otro desafío.

Mientras estés vivo, siéntete vivo.

No vivas de fotos amarillas...

Sigue aunque todos esperen que abandones.

¡No dejes que se oxide el hierro que hay en ti!

Haz que en vez de lástima, te tengan respeto.

Cuando por los años no puedas correr, trota.

Cuando no puedas trotar, camina.

Cuando no puedas caminar, usa el bastón.

¡Pero nunca te detengas!"

Quiero resaltar en este capítulo tres aspectos importantes en la vida de una mujer firme y determinada.

- El primero es: Vencer el temor:

Una mujer firme y determinada no la derriban los obstáculos de la vida, más bien remueven su fuerza interior siendo motivada a sacar de sí su mejor versión. La pregunta es: ¿Cuál es el obstáculo que una dama no pueda vencer?, ¿Qué es eso que inhibe su potencial para avanzar? Posiblemente para muchas mujeres sea el miedo al cambio, es muy comprensible, pero por comprensible que sea nunca el miedo hizo a nadie exitoso; "mientras no aprendamos a dominar el miedo, el miedo terminará dominandonos". Es preciso entender que el miedo es como un enemigo que se une a cualquier obstáculo convirtiéndose en un aliado para obstruir el camino hacia nuestro crecimiento personal Por lo tanto, para obtener el estilo de vida que anhelamos el miedo debe ser vencido.

- Segundo aspecto: Moverse de la Zona de Confort:

Esta frase es muy utilizada cuando se habla de crecimiento personal en toda área que la vida requiera, y para el tema que tenemos en mención es muy importante que la mujer en las diferentes situaciones adversas que pueda enfrentar en la vida le sea necesario moverse de su zona de confort; es posible que algunas mujeres al no salir de esta zona de confort, desarrollen comportamientos o patrones de pensamiento que podrían interpretarse como masoquistas.

Esto podría ocurrir si se quedan atrapadas en situaciones que les causan malestar o sufrimiento y se resisten a cambiar por temor a lo desconocido o a la falsa creencia de que no merecen algo mejor. La necesidad de moverse de su zona de confort para avanzar debe ser muy poderosa, especialmente para las mujeres que por diferentes motivos o circunstancias se han autoimpuesto límites en su vida y esto les ha conllevado al estancamiento de sus grandes potenciales que poseen.

Valiosa dama hoy estoy aquí para recordarte que el crecimiento y el progreso vienen acompañados de la voluntad para enfrentar lo desconocido y superar los límites autoimpuestos.

Sé que mientras nos movemos hacia el camino de la superación, nos encontraremos con infinidad de obstáculos, pero siendo optimistas también nos movemos en un universo lleno de grandes oportunidades para alcanzar nuestros tan anhelados sueños, si las buscamos estarán siempre a nuestro alcance, no desistamos hasta encontrarlos, están allí al alcance de las mujeres valientes y determinadas.

- -Tercer aspecto: Ser Mujeres Proactivas:

Proactiva es un término que define a las personas que tienen la iniciativa en la toma de decisiones y búsqueda de soluciones ante cualquier situación desfavorable que la vida les presente.
Ser proactivas en la vida es una actitud fundamental que significa tomar la iniciativa, anticiparse a los problemas, actuar de manera enfocada y consciente en lo que se desea obtener.

Actuar en modo proactivo implica abandonar el conformismo, la pasividad, la inercia y asumir el control de la vida y sus acciones. Es una invitación a ser consciente de tus objetivos, establecer un plan de acción y trabajar de forma constante y decidida para alcanzarlos.

¡Adelante, actúa, y haz que tus sueños se conviertan en realidad!

¡Valiosa y bella dama! Estaría muy encantada de que este interesante capítulo, pueda resonar como una poderosa reflexión a la conciencia, removiendo profundamente el espíritu de todas las mujeres que buscan alcanzar su gran potencial.

Este universo continúa esperando por más mujeres firmes, determinadas y proactivas; como tú, como yo y como todas las que acepten este gran desafío.

¡Mujer, no olvides dejar tus huellas al pasar!

Capítulo VII

Reconstruyendo desde los Escombros.

Continuemos nuestro recorrido por este capítulo metafórico, que nos orienta a visualizar nuestra vida como una hermosa casa, diseñada por Dios el gran Arquitecto, y puesta en este vasto universo, donde somos nosotras las encargadas de cuidarla y hacerla habitable.

Aunque no podemos impedir las inclemencias del tiempo como tormentas, huracanes, tornados y tsunamis, que llegan sin previo aviso y a veces reducen todo a escombros, esto también sucede en nuestra vida. En algunos momentos nos resulta imposible evitar los desafíos que llegan, desmoronan y nos sumergen en caos y desolación, dejándonos como si estuviéramos enterradas bajo los mismos escombros. Al preguntarnos ¿por qué nos sucede esto en la vida?, es probable que nos remitamos inmediatamente al área amorosa, y si este fuera el caso por ser una de las más golpeadas; una respuesta común puede ser: "por la forma en que amamos y nos entregamos a nuestra pareja", llegamos a creer que nuestra felicidad y sueños dependen de esta relación. Idealizamos esta unión y, al enfrentarnos a la realidad y no estar emocionalmente preparadas, vemos cómo el castillo emocional que hemos construido se derrumba; experimentamos entonces la desagradable sensación de estar soterradas. Sin embargo, debajo de los escombros rodeadas de la más densa oscuridad cada uno de estos queda como testigo de la gran batalla convirtiéndose en el cimiento sobre el cual podemos escribir una nueva historia que edifique nuestra vida.

"Reconstruyendo desde los escombros" nos invita a explorar y reflexionar sobre la posibilidad de reconstruir desde la zona cero y levantar con fuerza y determinación un nuevo andamiaje emocional. Este capítulo nos guiará en un viaje de autoconocimiento, fortaleza y esperanza, brindando pautas para convertir las experiencias más duras en escalones hacia una vida plena y significativa.

Prepárate para emprender este desafiante viaje de reconstrucción y renacimiento hacia tu auténtica personalidad reconociéndonos como seres maravillosos que forman parte de este inmenso universo ya que nos ofrece grandes oportunidades para construir la vida que deseamos.

Pasos importantes para la Reconstrucción:

❖ En primer lugar, reconocer nuestro valor: (este debe ser el cimiento más poderoso para la reconstrucción), somos parte de la creación perfecta de Dios. La Biblia registra un texto que dice:

"Dios mío, tú fuiste quien me formó en el vientre de mi madre. Tú fuiste quien formó cada parte de mi cuerpo. Soy una creación maravillosa, y por eso te doy gracias. Todo lo que haces es maravilloso, ¡de eso estoy bien seguro!" (Salmos 149:13-14, (T L A).

Somos el diseño exclusivo de nuestro Dios el gran Arquitecto, y por ende una obra perfecta y maravillosa de amor, este es el amor que nos va a permitir ver nuestro propio valor y aunque los vientos no hayan soplado a nuestro favor y nos sintamos emocionalmente destruidas, al reconocer que somos una de las grandes maravillas de nuestro gran Creador podemos reconstruir nuestra vida desde los escombros, teniendo en cuenta que nuestra felicidad no puede depender de alguien que no entiende el incalculable valor que poseemos, sino de conocerlo nosotras mismas.

❖ Segundo lugar Aceptar la Ruina

Reconocer y aceptar que estamos frente a un problema que necesita solución. Aceptar la realidad de la situación, por dolorosa que sea, es un gran paso hacia la reconstrucción. Evalúa

los escombros de tu vida y sin buscar un culpable, aprendamos de los errores del pasado para no repetirlos.

❖ Tercer lugar Aceptar y Procesar las Emociones:

Reconocer y aceptar la realidad de la situación, por dolorosa que sea, es un gran paso hacia la reconstrucción. Permítete sentir y expresar tus emociones. Llora si es necesario, escribe en un diario o habla con amigos de confianza. No reprimas tus sentimientos, ya que es importante procesarlos para avanzar.

❖ Cuarto lugar Buscar Apoyo:

Puedes considerar las orientaciones de un terapeuta y un consejero espiritual. Compartir tus sentimientos y recibir apoyo puede ser muy reconfortante. El apoyo de los demás puede proporcionar perspectivas valiosas y consuelo en momentos difíciles.

❖ Quinto lugar Cuidar de Ti Misma:

Prioriza el autocuidado. Esto incluye comer bien, hacer ejercicio, dormir lo suficiente y dedicar tiempo a actividades que disfrutes. Cuidar de tu salud física y emocional es esencial para la reconstrucción de tu vida.

❖ Sexto lugar Establecer Límites Claros:

Asegúrate de que cualquier contacto con tu ex pareja sea limitado o inexistente, al menos hasta que te sientas más fuerte emocionalmente. Protegerse de influencias negativas es crucial para tu bienestar.

❖ Séptimo lugar Revaluar Prioridades y Valores:

La zona cero ofrece una oportunidad única para reevaluar nuestras prioridades y valores. Pregúntate ¿qué es realmente importante para ti y qué tipo de vida quieres reconstruir?

Consultemos con nuestro "Yo interior" pregúntate:

¿Soy yo, o soy lo que quiero que piensen de mí?, ¿Esto que represento define mi personalidad?

¿Soy yo, o soy una personalidad impuesta?

¿Me siento completa tal como soy?

De las respuestas a estas preguntas dependerá hacer un autoanálisis que nos ayudará a trabajar en la reconstrucción de la vida que deseamos.

No es posible continuar recorriendo por la vida como si estuviésemos robotizadas.

Visualiza un nuevo comienzo y diseña un plan detallado para tu futuro. ¡No olvides que se trata de ti misma!

❖ Octavo Redescubrirte:

Dedica tiempo a redescubrir quién eres fuera de la relación. Involúcrate en hobbies, aprende algo nuevo o persigue intereses personales, sal de la rutina. Este proceso te ayudará a reconectar contigo misma, activar tus potenciales y fortalecer tu identidad.

❖ Noveno lugar Fomentar el Crecimiento Personal y espiritual:

Enfoca tu vida en Dios recuerda que somos parte de sus obras maravillosas en la gran creación. Lee la Biblia y otros libros de autoayuda, asiste a talleres o busca recursos que te ayuden a crecer y desarrollar una mentalidad positiva. El crecimiento personal te permitirá construir una base sólida para tu nueva vida.

❖ Décimo Establecer Nuevas Metas:

Redefine tus objetivos personales y profesionales. Enfocarte en nuevas metas puede darte un sentido de propósito y dirección. Establecer metas claras y alcanzables te motivará a seguir adelante.

❖ Paciencia y Perseverancia:

La paciencia y la perseverancia son esenciales en el proceso de reconstrucción. Estos valores te motivará a no desistir hasta lograr el resultado deseado. ¡Permítete conocer la reconstrucción de tu nueva vida!

❖ Practicar la Gratitud:

Mantén un diario de gratitud donde anotes cosas por las que estás agradecida cada día. Esto puede ayudarte a mantener una perspectiva positiva y a valorar las pequeñas alegrías de la vida.

Recuerda que la belleza de la vida se encuentra también en las pequeñas cosas, como un bello amanecer coloreado por la naturaleza, el sonido reconfortante de la lluvia cayendo suavemente en el tejado en una tarde tranquila, o el aroma fresco de las flores en primavera mientras paseas por un parque. Puede estar en la calidez de una taza de té o café en una mañana fría, o en la sonrisa espontánea de un niño, en el dulce canto de un ave. También se encuentra en la melodía suave de una canción que te hace recordar momentos felices o en el abrazo reconfortante de un ser querido después de un día difícil. Estos son solo algunos ejemplos que demuestran cómo la belleza de la vida se manifiesta en las pequeñas cosas,

Recordándonos que la felicidad y la plenitud se encuentran en los detalles más simples y cotidianos. Lo más gratificante de esto es que están al alcance de quienes deseen disfrutarlos!

La resiliencia es fundamental en la reconstrucción emocional. Entender que, por más fuertes que sean los vientos huracanados, estos no perduran para siempre; tienen un fin y quedan como historias.

Recuerdo claramente haber sido testigo presencial en una hermosa y paradisíaca ciudad llamada Naples cuando el huracán "Ian" azotó el estado de Florida en Estados Unidos. Muchos lugares quedaron reducidos a escombros. Desde esa experiencia, me sentí inspirada a escribir este capítulo y a relacionarlo con la vida. Basándome en esto, puedo motivarte y afirmar que sí es posible reconstruir desde la zona cero. El huracán Ian llegó con ímpetu, pero se disipó y quedó registrado en la historia de aquel mes de Septiembre del año 2022.

La bella ciudad de Naples fue reconstruida poco a poco y actualmente está tan hermosa y habitable como antes. Por lo tanto, podemos afirmar con certeza que mientras haya vida, también habrá esperanza. Démonos el espacio para vivir una transición emocional, haciendo cambios significativos.

Enfrentémonos a nosotras mismas, a nuestros miedos, conformismo y cobardía. Finalmente, date la bienvenida a tu nueva casa, con ventanales a prueba de huracanes, aromatizada con paz, tranquilidad y armonía. Disfruta de tu dormitorio anti-insomnio y tus sofás de bienestar. Te darás cuenta de que tú y yo nos parecemos también en esta etapa de reconstrucción.

Capítulo VIII:

Hablemos de las Dos

¡Hola! , ¡deseo que te encuentres bien!

Quise saludarte, y decirte que ¡te invito a tomar un café.!

!Uff!, ¡me suena bien!, que buen plan y...

¿Cómo le llamamos?, ¿Paseo de amigas?

¡podría ser!, ¡ oh!

Te parece: ¡Café para dos!

Ok, está bien. ¡Me gusta!

Bueno, y ¡hablemos de las dos!

Brindemos con un café, ¡salud!, no es lo usual pero vale la ocasión.

Estos son esos maravillosos momentos que nacen de repente, sin protocolos, sin planificación, cuando tenemos intereses y/o cosas en común no tardamos en aceptarlos, además porque al lado de una buena amiga nos desligamos del estrés de la cotidianidad.

¿Hablamos de ti o hablamos de mí?

No, hablemos de las dos

¡No se diga más !

Empiezo diciéndote gracias por aceptarme la invitación a compartir un café, que buen momento para salir de la monotonía, también quiero expresarte mi admiración y decirte que valoro mucho tu grandiosa amistad.

No cualquiera es amiga, ni a cualquiera se le cuentan los problemas, solo a aquellas que han entrado en nuestro corazón, nos hemos abrazado, reído y llorado juntas; y siempre tiene presto sus oídos para escuchar las muchas historias que tenemos para contar.

Este es el tipo de amigas con las que se establecen lazos fuertes de amistad sin importar la distancia, la clase social, una amiga sin condiciones, con la cual solo necesitamos un café para dos y mil historias que contar para salir de la monotonía, es ella con la que no tienes ningún reparo, a sus invitaciones, a contarle tus historias. Son momentos y tantas historias que no solo necesitamos un café sino un club de amigas de varios días para que nos contemos y escuchemos nuestras muchas historias, así se nos pasan las horas sin tener control del tiempo, y a veces el tiempo pasa pero nosotras seguimos ahí.

Una amiga como tú incondicional, de verdad, en la que se puede confiar, en esos momentos cuando la vida nos golpea fuertemente está ahí para apoyar, motivar y ayudar a que nos levantemos. Esa amiga eres tú, soy yo; somos las dos. Somos empáticas, sabemos escucharnos y comprendernos la una a la otra en nuestras necesidades y emociones.

Somos tú y yo, somos las dos. Somos capaces de darle importancia a la palabra y todas las historias que compartimos en confianza, nuestra opinión siempre tendrá valor y en lo posible solución.

Ok, gracias lo aprecio mucho, en verdad eres mi gran amiga, eres tú, soy yo, somos las dos. Una verdadera amiga está a nuestro lado siempre para darnos la mano cuando nos caemos, para decirnos la verdad con delicadeza cuando la necesitamos, escucharnos y sacarnos del error cuando nos equivocamos.

El capítulo " hablemos de las dos" es un tópico relacional y característico de la esencia de la mujer ya que como tal hemos vivido experiencias parecidas, por tanto, tenemos el conocimiento y capacidad de entendernos y comprendernos en nuestras debilidades y fortalezas.

Además como mujeres sabemos nuestras capacidades pero desafortunadamente las vivencias desagradables nos nublan la mente y las olvidamos, de ahí que necesitamos las unas de las otras para que juntas progresemos.

Debemos sumar esfuerzos para derribar barreras, alcanzar logros juntas, superar las crisis, motivarnos, vencer el desánimo y transmitirnos fuerzas.

Por eso mujer, sabías que…

¿Un abrazo sincero, una palabra de apoyo, un consejo a tiempo, remueve el interior y levanta el ánimo de una mujer?

¿Y que una buena amiga no es la que juzga ante una situación sino la que se identifica con el dolor y ayuda a buscar una solución?

¡Una mujer con sus experiencias superadas puede ser punta de lanza y motivación para que otras superen las suyas!

¡La sensibilidad de una mujer ante las demás juega un papel trascendental para su vida!

¡Darle la mano a una amiga cuando más lo necesita puede sacarla del hoyo más profundo y oscuro!

¡Una amiga es aquella capaz de posibilitar la oportunidad para que catalicemos nuestros sentimientos y emociones!

Aquella que ha vivido las mismas historias o situaciones que pudieras estar viviendo tú hoy
 te apoya no se opone
Te defiende no te acusa
Te da acoge no te señala
Te tiende la mano no te empuja
Te levanta no te deja caída
Te abraza no te suelta
Te cuida no te abandona...

Y muchas cosas pueden hacer juntas las amigas que se aman, que son del alma, cuando se trata de dos, una lección sanada es una prueba superada y juntas lo hemos superado porque juntas hemos caminado.

Este capítulo de "Hablemos de las dos" me hace recordar a una amiga que conocí hace realmente poco tiempo y como dice el dicho: "Los buenos amigos nunca se olvidan" hemos hablado tanto de tantas cosas y nos hemos aconsejado tantas veces en distintas situaciones que hasta siento que hemos sido amigas de toda la vida, tenemos muchas cosas en común y coincidimos hasta en los pensamientos porque cuando yo le propongo algo ella ya lo está pensando y viceversa. Por eso no me voy a cansar de decir y aconsejar a las mujeres que no caminemos por el mundo separadas, nos conviene caminar unidas de la mano y saber que así las cargas se hacen livianas, el camino se hace corto y la vida eterna y placentera.

Volviendo a nuestro diálogo inicial continuemos hablando de las dos , ahora quiero escuchar tu apreciación acerca de nosotras.
¿Tomamos otro café?, pero ahora con pan.
¡Perfecto!, esto de ¡café para dos! me gustó
¡Ay a mi también!, tenemos que repetirlo una y otra vez.
Sabías que ¿tomar un café tiene beneficios?
Si, pero no conozco muchos.
Te hablaré de algunos no científicos, más bien conceptos míos:
¿Tuyos?
¡Sí !

TÚ Y YO NOS PARECEMOS

Te dire algunos:

"Tomar café, alegra el día, alivia las penas, une amigas, rompe barreras, crea estrategias, resuelve problemas, quita la tristeza, vuelve la esperanza, quita la soledad, aliviana cargas, quita el hambre ¡si se toma con pan!, alarga y hace grata la vida"

¡wao!, esto sí se toma al lado de una buena amiga.

¡Amiga, eres tremenda artista!, ¡Te admiro mucho!

¡Gracias por tu amistad!

También tengo que agradecer tu valiosa amistad y decirte lo mucho que te aprecio.

¿Sabías que para ser amiga solo se necesitan tres ingredientes

¿Sí, Cuáles?

¡Experiencia, sabiduría y sobre todo lealtad! te lo explicaré con esta historia.

Un día tres amigas se fueron a pasear: La experiencia, la sabiduría y la lealtad pero en el camino por algunas razones se tuvieron que separar.

La experiencia llena de experiencias anduvo sola por mucho tiempo presumiendo de sí misma por todas partes, cada problema que se la presentaba lo superaba, de cada caída se levantaba, los obstáculo los superaba, muchos le preguntaron ¿cómo hacía?, ella respondió ¡las experiencias de la vida!

La sabiduría era tan sabia que no se quiso mover de donde quedó porque sabía que sus amigas la necesitarian y pronto vendrían a buscarla.

La lealtad en su devoción se subió a un lugar alto donde pudiera visualizar porque se dijo para sí ¡quién es leal nunca le da la espalda a sus amigas!

Esto es lo que hace una verdadera amiga piensa de las demás como de sí misma , trata a las demás como le gustaría ser tratada, dice de las demás, lo que quisiera que digan de ella, desea para las demás lo mejor que desearía para ella.

Una amiga no traiciona, no denigra a las demás, no acusa, no señala, no se burla, no condena, no se alegra del mal de otras, no juzga y no da la espalda.

¿Cuántas amigas hay en el mundo que reúnen estas tres cualidades?, puedo asegurar que son muchas, solo necesitan ser encontradas por otras como tú, como yo, como las dos, para que juntas multipliquemos estas cualidades, principios y valores como lo son la Experiencia, Sabiduría y sobre todo Lealtad.

El mundo necesita más mujeres como tú, como yo, como las dos, por eso no hablemos de otras.

¡Hablemos de las dos!

Capítulo IX

Reflejos Del Alma

Con mucha frecuencia escuchamos adagios populares como:

❖ "Que las mujeres tenemos un sexto sentido".

❖ "Que parecemos detectives por nuestras acertadas investigaciones".

❖ -"Que las mujeres parecemos tener olfato de perro", (porque rápido olfateamos cuando en el hogar algo huele mal).

❖ -"Que a las mujeres no se nos puede mentir, porque lo que no vemos o no sabemos, lo soñamos"

Y por exagerado o risible que esto parezca, lo que se está tratando de decir con todo esto es: Que no hay nada que pueda superar la intuición aguda de la mujer, ya que se tiene la capacidad única para percibir más allá de lo visible. Si aunamos todo esto al tema de las infidelidades podemos decir que cuando el cónyuge o la pareja le comete infidelidad a la mujer, ella sanamente y sin perjuicio intuye lo que pasa en su entorno, lo que hace que la mujer más que engañada sea traicionada.

A través de este capítulo "Reflejos del Alma" podremos apreciar que no es un sexto sentido, sino más bien la conexión intrínseca que las mujeres tenemos con nuestro ser interior y con el mundo que nos rodea, esta realidad intuitiva nos permite sintonizar con aspectos más profundos de la realidad que estamos viviendo.

Aunque el propósito no es profundizar científicamente sobre este asunto, sino más bien que las mujeres podamos escuchar nuestro yo interior y seamos conscientes del gran potencial que poseemos, así nos quiso formar nuestro Dios y gran Creador.

En base a lo anterior nos podemos preguntar a nosotras mismas:

¿Sabemos cuánto valemos y cuánto merecemos?

¿Cuánto estamos dispuestas a creer en nosotras desde nuestro yo interior?

Reflejos del Alma, es una metáfora poética, que se refiere a las manifestaciones internas del ser humano.

En un mundo lleno de experiencias diversas, relaciones y desafíos, cada una de nosotras enfrenta un viaje único de autodescubrimiento y crecimiento personal, y en este camino hacia la autenticidad y la realización como mujeres, estarán siempre presentes en nuestra cotidianidad los "Reflejos del alma"

Los que también se pueden describir como manifestaciones externas que actúan como espejos revelando grandes verdades a través de nuestra naturaleza interior. Y son mucho más que simples reacciones emocionales, son una gran oportunidad para comprender nuestras motivaciones y encontrarle significado a nuestro vivir desde las emociones intensas que nos conmueven hasta las relaciones que nos desafían o nos inspiran, es decir, cada reflejo del alma nos invita a mirar más allá de la superficie y poder sumergirnos completamente en nuestro ser.

Es muy interesante saber cómo impactan nuestra vida los reflejos del alma cuando los reconocemos y podemos integrarlos hacia nuestro crecimiento personal, de tal forma que estos puedan ser aprovechados, haciendo de cada experiencia sin importar cuán dolorosa sea o haya sido, una oportunidad para crecer.

Quizá te puedas preguntar: ¿Qué sentido tienen los reflejos del alma en la relación conyugal o de pareja?

Claro que tiene mucho sentido, porque se trata de ti misma, de tu bienestar y de tu felicidad, ya que tú no viniste a este mundo para ser mártir de un infiel.

Por lo tanto, desde la búsqueda de satisfacción emocional hasta la confrontación de las verdades internas podremos descubrir como estos reflejos pueden ser tanto el espejo como el motor de las complejidades emocionales en una relación conyugal o de pareja donde exista la infidelidad.

Cuando somos sorprendidas por esta difícil experiencia de las infidelidades aunque los reflejos están allí muchas veces son subestimados, ya que revelarán verdades incómodas que nos llevarán a desencadenar una cascada de emociones y decisiones difíciles. Muchas veces se ignoran los reflejos del alma y preguntamos a terceras personas: ¿Qué hago en esta situación?

Y las personas sabiamente responden, ¡haz lo que tu corazón te dicte!

Esta frase es como si dijeran: Escucha tus reflejos. Si escuchamos estos reflejos estaremos estableciendo estándares de respeto y dignidad por parte de los demás.

Hay una frase popular reflexiva que dice: " Si una persona te engaña una vez, es su culpa, es decir, es culpa del engañador; si esa persona te engaña la segunda vez, es tu culpa porque ya conocías al engañador"

Significa entonces que somos nosotras mismas las que estamos permitiendo y abonando a que se nos maltrate y se nos irrespete, pareciera ser que la chispa del amor propio se nos ha apagado. Recordemos otra frase popular que dice: "El abusador llega, hasta donde el abusado lo permite"

A través de mi experiencia he podido descubrir una dura realidad; y es que nosotras mismas permitimos lo que recibimos por no poner una bandera roja que diga: " Hasta aquí " y otra que diga: " No traspasar el límite"

Es maravilloso entender que cuando fortalecemos el amor propio atraemos relaciones saludables y satisfactorias en nuestra vida, y es entonces cuando estamos listas para ¡amar y ser amadas!

En mi "Gran Despertar" por la vida...Si, me complace llamarle, "Mi Gran Despertar" porque no solo pude descubrir la infidelidad, sino también, "Cuánto no me amaba"

Caminé treinta y cinco años, ignorando los brillantes reflejos de mi alma. Un buen día decidí ser sincera y compasiva conmigo misma y comencé a experimentar un sentido renovado de autenticidad y conexión en mi, lo que me llevó a tomar acciones diferentes en mi vida.

¡Querida dama!

Muchas veces tendemos a creer que mujer guerrera, es sinónimo de mujer "masoquista"

Pero hay una gran diferencia entre los dos tipos de mujer.

La mujer guerrera es: Valiente, fuerte, decidida, es la que acepta los desafíos de la vida con coraje, determinación y resiliencia, y los ve como una oportunidad para aprender, crecer y fortalecerse, además la mujer guerrera, establece límites saludables, se defiende a sí misma en coherencia con sus valores y sabiduría.

La mujer masoquista: Tiende a aceptar el sufrimiento, se victimiza y lo ve como algo normal del diario vivir, se adapta a su ambiente hostil sin buscar formas para cambiar su situación.

¡Valiosa dama!

Los tiempos han cambiado significativamente, ¿qué tal si nosotras nos pudiéramos mover de ese incómodo lugar que solo nos promete infelicidad, depresión y ansiedad?

Esto también tiene que ver con percibir el amable reflejo de nuestra alma. Practiquemos también gestos de bondad, compasión y amabilidad hacia nuestra persona.

Mientras lees este libro, te invito a remover tu interior; dialoga contigo misma, pregúntate a ti misma, corrígete a ti misma, habla con tu alma y sé tu mejor amiga y tu consejera!

La Biblia registra unas maravillosas frases, donde un gran rey llamado David, removió su alma pronunciando unas bellas expresiones para sí y decía: "Bendice, alma mía, a Jehová, y bendiga todo mi ser su santo nombre, bendice, alma mía, a Jehová, y no olvides ninguno de sus beneficios" Salmos 103:1-2 (RVR 1960)

En otra ocasión le preguntó a su alma y le decía: " ¿Por qué te abates, oh alma mía, y por qué te turbas dentro de mi?

Espera en Dios; porque aún he de alabarle, salvación mía y Dios mío". Salmos 42:11 (RVR1960)

Si el Rey dialogaba con su alma, ¡una Reina como tú también lo puede hacer!

¡Te invito a conectar tu alma, con lo divino y contigo!

¡Todo ser humano, por fuerte y poderoso que se considere, siempre necesitará la ayuda de Dios! Estos reflejos tienen mucho que ver con la "introspección" que es el arte de mirar hacia adentro de nosotros, explorando el laberinto de pensamientos y emociones que constituyen nuestro interior.

¡Vamos bella dama! Remueve tu interior, hazle preguntas concretas a tu ser y actúa en base a las respuestas que encuentres.

Concluyo este hermoso e interesante capítulo, con una reflexión titulada: Mujer, si temes a los reflejos de tu alma es como temerte a ti misma.

¡Querida dama !

En el espejo de tu alma se refleja la esencia misma de quien eres: tus sueños más profundos, tus miedos más oscuros y tu fuerza inquebrantable.

Más aún reconociendo que por miedo y cobardía nos paramos con temor evadiendo los reflejos. Tal pareciera que temiéramos a nuestra capacidad, a nuestra belleza y a nuestra luz que aún puede brillar sobre nuestra oscuridad.

Estoy aquí para recordarte, que si temes a los reflejos de tu alma, estás de hecho temiéndote a ti misma, lo que es como si estuvieras rechazando partes de ti misma. Recuerda que tú eres la pieza fundamental para tu reconstrucción, y tú no te puedes faltar porque sería como si estuvieras negando la capacidad de ser completa.

De la misma manera que abrazas las facetas luminosas, intenta abrazar las facetas sombrías.

No te asustes de mirarte en el espejo de tu alma. O es que, ¿tienes temor de encontrarte con tu verdadero potencial?

No le temas a enfrentar tus sombras, dudas e inseguridades; porque también todo esto es parte de tu ser completo y hermoso. Cuando aceptas y abrazas los reflejos de tu alma, estarás honrando tu más auténtica verdad y por ende permitiendo un enorme espacio para tu curación, crecimiento y transformación, pero sobre todo, estarás permitiendo que tu luz brille e irradie con todo su esplendor. ¡Permítete ser tú misma y al final del día descubrirás que eres una obra maestra, diseñada para brillar, por el Gran Creador!

Capítulo: X

Agudiza Tu Oído

¿Alguna vez has escuchado la expresión: El oído es el camino al corazón de una mujer?

En un mundo repleto de voces que frecuentemente intentan distorsionar nuestra verdadera esencia, es fundamental aprender a afinar nuestro oído interno, ese que nos habla con la voz de la autenticidad y la firmeza. "Mujer, agudiza tu oído" no es solo una invitación a escuchar, sino a sintonizar con tu verdadero ser, a reconocer y celebrar tu valor innato.

Es de mucha importancia reconocer que las palabras pueden ser tanto bálsamo como veneno, y aunque no todo lo que oímos es malo, pero tampoco todo lo que oímos es bueno. Las palabras tienen el poder de construir puentes, sanar heridas e iluminar caminos oscuros. También pueden ser usadas para engañar, dañar, manipular y confundir. Es cuestión de saber discernir desde la seguridad de lo que somos. Que las palabras agradables no te confundan, que las críticas no te atormenten y que los halagos no entorpezcan tu interior. Esta es una declaración de independencia emocional, un recordatorio a proteger tu propia esencia.

Este hermoso capítulo no trata de menospreciar el encanto de las palabras bonitas, pues las palabras tienen un poder indiscutible y su mérito ya que pueden elevar nuestro espíritu, motivarnos y hacernos sentir valoradas. Sin embargo, también pueden ser usadas de manera superficial. Es fundamental que, como mujeres audaces y conscientes, desarrollemos la capacidad de distinguir entre expresiones genuinas y aquellas que son simplemente palabras vacías saturadas de manipulación.

En el camino hacia la liberación, muchas mujeres se enfrentan a un desafío complicado: "las palabras huecas". Estas palabras, aunque a menudo envueltas en promesas de amor eterno y cambios sinceros, pueden ser un arma de doble filo. Hay mujeres que intentan liberarse, pero quedan atrapadas en estas palabras huecas, repitiéndose a sí mismas que esta vez será diferente, que esta vez sí habrá un cambio real. Este ciclo puede ser devastador y mantenerlas en una situación de estancamiento emocional y físico.

Aún más doloroso, es el caso de aquellas mujeres que habiendo tomado la acción valiente de liberarse, regresan a su pareja, convencidas por falsas promesas de cambio. Es importante reconocer que estas promesas muchas veces no son más que una estrategia manipuladora para mantener el control. La esperanza de que algo mejore puede ser una fuerza poderosa, pero también puede ser una trampa si no está respaldada por acciones concretas sostenidas en el tiempo.

A través de este maravilloso libro, deseo que todas las mujeres, especialmente aquellas que han sido víctimas de abusos por parte de sus parejas, despierten su capacidad para tomar decisiones sabias. Para ello, es crucial:

❖ Reconocer el Valor Propio: Entender que merecen respeto, amor genuino y un entorno seguro. No deben conformarse con menos.

❖ Desarrollar la Intuición: Aprender a escuchar esa voz interior que a menudo nos advierte cuando algo no está bien. La intuición, combinada con el conocimiento, puede ser una guía poderosa.

❖ Buscar Pruebas de Cambio: No basta con palabras bonitas. Es esencial observar cambios consistentes y sostenidos en el comportamiento de la pareja.

❖ Establecer Límites Claros: Es fundamental, no permitir que se crucen estos límites independientemente de las promesas.

❖ Construir una Red de Apoyo: Estas se pueden construir con amigos, familiares, y profesionales que puedan ofrecer orientación y soporte emocional. ¡No tienen que enfrentar esto solas!

❖ Fomentar la Autorreflexión: Utilizar herramientas como la terapia, la oración y meditación y la lectura para fortalecer la mente y el espíritu.

Este capítulo no solo será una guía, sino también una fuente de inspiración y empoderamiento. Al compartir estas experiencias y conocimientos, deseo que cada mujer que lo lea encuentre la fuerza para romper las cadenas de las palabras huecas.

Reflexionemos juntas: ¿Alguna vez has escuchado estas frases? Creo que sí porque son dulces pero también muy comunes: "No puedo vivir sin ti", "eres mi universo entero", "te amo, no lo dudes", "Eres increíble", "eres lo mejor que me ha pasado en la vida", "Nunca he conocido a alguien tan especial como tú", "nunca dejaré de amarte", "Quiero pasar el resto de mi vida contigo, entre muchas otras".

Hay mujeres que quedan atrapadas creyendo en la sinceridad de estas frases descubriendo más tarde que solo era el eco de palabras huecas. Sin embargo para otras mujeres, las mismas expresiones han sido promesas cumplidas.

Aquí es donde entra en juego la capacidad de escuchar más allá de las palabras y conectar todos los sentidos. Para agudizar tu oído, debes prestar atención a las acciones, el tono de voz, el lenguaje corporal y la consistencia entre lo que se dice y lo que se hace. Pregúntate: ¿Las acciones de esta persona respaldan sus palabras? ¿Hay coherencia en sus palabras y su comportamiento?

Las señales y la energía que transmite el cuerpo nunca mienten. Observa cómo se comporta la otra persona cuando te habla. ¿Te mira a los ojos? ¿Hay una conexión genuina en su mirada? ¿Sus gestos y posturas reflejan sinceridad? La energía que emana una persona al comunicarse contigo puede ser un indicador poderoso de sus verdaderas intenciones.

Un hombre que realmente valora y respeta a su pareja demostrará su afecto a través de sus acciones, no solo de sus palabras, ya que las acciones hablan más fuerte que las palabras. El gran analista, filósofo y poeta Ralph Waldo Emerson escribió un interesante pensamiento: "Tus acciones gritan tan fuerte que no me dejan escuchar tus palabras". Esto es tan lógico y sin complejidades, ya que un "te amo con todo mi corazón" no puede ir acompañado de ningún maltrato e irrespeto; en ninguna manera, el amor con el maltrato y el irrespeto no tienen coherencia alguna. Al permitir tales acciones estaríamos frente a un amor masoquista. Si alguien dice que te ama pero no se toma el tiempo para estar contigo o apoyar tus sueños, sus palabras pierden valor.

Te invito a hacer uso de la paciencia, ya que es una virtud que juega un papel esencial en este proceso. Bella dama, no te precipites en creer todo lo que escuchas, la prisa puede nublar tu juicio y hacerte más susceptible a las falacias.

¡No demores ni te canses fortaleciendo tu autoestima!

La mujer con baja autoestima es vulnerable a las falacias. Es crucial reforzar la autoestima y autoimagen. Una mujer segura de sí misma es menos propensa a ser influenciada por palabras huecas. Cuando alguien endulza su oído con expresiones agradables, ella las recibe con una sonrisa, apreciando el gesto sin dejar que su valor dependa de esas palabras. Ella entiende que los halagos son como estrellas fugaces en el cielo de su autoestima: bellos y apreciados, pero no la fuente de su luz.

La seguridad en sí misma le permite discernir entre palabras sinceras y vacías sin que ninguna de ellas altere la percepción fundamental de su valor. Esta mujer sabe que su esencia es constante y que su valor no depende de la validación externa. Nadie la sorprende resaltando su belleza interna y externa porque ella misma la reconoce y celebra todos los días.

Las palabras agradables son para ella, como una brisa suave en un día cálido: refrescantes y bien recibida, pero no vital para su bienestar. La reacción ante las palabras agradables depende profundamente de la relación que una mujer tiene consigo misma. La autoestima sólida transforma los halagos en algo que enriquece su día sin definir su ser.

En conclusión: Al agudizar tu oído y escuchar con inteligencia, te conviertes en una mujer más consciente. Aprendes a navegar en las complejidades de la comunicación y a protegerte de las falacias. Recuerda, las palabras bonitas pueden ser encantadoras, pero son las acciones las que realmente cuentan. Sé audaz, confía en tu intuición y nunca dejes de valorar tu propio juicio.

¡Adelante, valiente mujer! Con cada paso que das hacia una mayor claridad y discernimiento, te conviertes en la mejor versión de ti misma. ¡Sigue escuchando, observando y creciendo!

Capítulo XI

El Poder de la Autenticidad

Quiero comenzar este capítulo con una maravillosa expresión: ¡Disfruta la belleza de ser tú misma! Esta frase encapsula la importancia de la autenticidad, la autoaceptación y la confianza en uno mismo. Estos aspectos son fundamentales para el bienestar emocional, la realización personal y la construcción de relaciones saludables.

Por estas razones, permitámonos explorar tres elementos esenciales que son cruciales para mostrar nuestra autenticidad, autoaceptación y confianza; en otras palabras, nuestra ¡Integridad!

1. Autenticidad y Autoaceptación: ¡Sé tú misma! Aceptarnos y valorarnos tal como somos, con nuestras capacidades y defectos, nos convierte en mujeres íntegras. Una mujer íntegra es auténtica, encantadora y tiene la capacidad de mostrarse tal cual es, sin fingir ser otra persona. Al aceptarse a sí misma, se

permite crecer y evolucionar de manera genuina, reflejando coherencia, honestidad y solidez interior.

2. Confianza y Empoderamiento: ¡Apreciada Mujer! Es absolutamente esencial entender que ser nosotras mismas implica confiar en nuestras habilidades, en nuestros valores y en el potencial que cada una de nosotras posee, aunque aún no lo hayamos descubierto por completo. Estoy aquí para remover tu interior, sabiendo que ¡Tú y Yo nos Parecemos! A través de este capítulo, quiero motivarte a cuidar tu integridad. Debemos comprender que la belleza de una mujer auténtica reside en su capacidad de reconocer sus fortalezas y debilidades, y en la valentía de mostrar su verdadero yo al mundo. Al confiar en sí misma, se empodera y se permite alcanzar sus objetivos.

3. Conexión con los demás: Ser mujeres auténticas y genuinas nos ayuda a establecer vínculos profundos y significativos con los demás, fomentando relaciones basadas en la confianza, el respeto y la empatía. Al ser fieles a nosotras mismas, atraemos a personas que nos valoran por quienes realmente somos, no por una personalidad fingida.

Estos tres aspectos subrayan la importancia de la autenticidad, la autoaceptación y la confianza, es decir, la integridad y dignidad de una mujer, que la hace fiel a su esencia y le permite mostrarse tal como es. Por lo tanto, son el fundamento para una vida plena y significativa.

¡Querida Mujer! Ahora que has explorado el significado del Poder de la Autenticidad, es momento de reflexionar profundamente:

- ❖ ¿Cómo podrías perder este poder?
- ❖ ¿Qué te haría perder este poder?
- ❖ ¿Quién te haría perder este poder?

Permíteme decirte que existen numerosos enemigos, tanto visibles como invisibles, que acechan a tu alrededor, evolucionando contigo y, tal vez, sin que te des cuenta. Hoy quiero señalar uno en particular, quizás el más peligroso de todos, para que lo identifiques y lo enfrentes con la bandera en alto de tu autenticidad.

La pérdida de integridad puede surgir por diversos factores, pero uno de los más insidiosos es el siguiente:

1. El Mal Uso de las Redes Sociales: Este fenómeno, aunque necesario en nuestra era, se ha transformado en un enemigo silencioso que está desintegrando personas, familias y sociedades. Este es mi llamado para ti, querida mujer: ¡Haz la diferencia! No permitas que las redes sociales te influyan negativamente, adoptando comportamientos inapropiados que te lleven a perder tu genuinidad.

En el vasto y a veces engañoso mundo de las redes sociales, donde la sociedad dicta cómo debemos ser, es fácil perderse en el deseo de encajar y ser aceptada. Muchas personas pierden su verdadera personalidad y esencia, sucumbiendo a la tentación de presentar una versión distorsionada o idealizada de sus vidas. Este intento de mostrar una apariencia falsa y alejada de su verdadera identidad no solo erosiona la autenticidad, sino que también puede llevar a una pérdida de integridad personal y a una desconexión profunda con la realidad.

Querida mujer, es vital que recuerdes siempre el poder de tu autenticidad. Mantente fiel a ti misma, a tus valores y a tu esencia. En un mundo que constantemente intenta moldearte a su conveniencia, ser auténtica es un acto de valentía y poder. No dejes que nada ni nadie te arrebate este poder tan preciado.

¡Adelante, con fuerza y convicción, abanderando siempre tu autenticidad!

En razón de lo anterior, quiero destacar algunos aspectos que nos harán ser auténticas hasta el final, sin dejarnos permear por agentes externos o quizá internos de nuestra propia humanidad y teniendo claro que la autenticidad es la belleza de ser tú misma y se fundamenta en la importancia de la integridad, conozcamos los beneficios de ser auténticas:

❖ Bienestar Emocional: Ser auténtica reduce el estrés y la ansiedad causados por tratar de ser alguien que no eres.

❖ Relaciones Más Sólidas: Las relaciones basadas en la autenticidad son más profundas y significativas, ya que están fundadas en la honestidad y la confianza.

❖ Autoconfianza: Cuando te aceptas tal como eres, tu autoestima y autoconfianza aumentan, lo que te permite enfrentar desafíos con mayor seguridad.

❖ Resiliencia: La autenticidad te ayuda a ser más resiliente, ya que te permite aprender de tus errores y crecer a partir de ellos.

Así como ser auténtica te permite disfrutar de muchos beneficios, no siempre es fácil. Puedes encontrar en este proceso algunas barreras comunes que pueden impedirte ser tú misma, las cuales debes enfrentar con altura y sabiduría para que, como ¡Mujer Auténtica! no pierdas el enfoque.

Barreras para la Autenticidad

❖ Miedo al Rechazo: El temor a no ser aceptada o querida puede llevarte a ocultar tu verdadero yo.

❖ Presión Social: Las expectativas de la sociedad y los medios de comunicación pueden hacerte sentir que debes cumplir con ciertos estándares para ser valiosa.

❖ Falta de Autoconocimiento: No siempre es fácil saber quién eres realmente, especialmente si has pasado mucho tiempo tratando de ser lo que otros esperan que seas.

Preciosa mujer, al escribir este capítulo sobre ¡El Poder de la Autenticidad! me permito expresarte mi gran emoción al dirigirme a ti para inspirarte a ser una mujer auténtica, y de antemano te digo: ¡Gracias por permitírmelo! Es importante para nuestra vida, ahora que hemos alcanzado el conocimiento de la autenticidad y estamos trabajando por ser cada día mejores. Quiero compartir contigo algunas estrategias para cultivar este precioso valor de la autenticidad:

❖ Autorreflexión: Tómate tiempo para conocerte a ti misma.

❖ Aceptación Personal: Abraza tus imperfecciones y reconoce que no tienes que ser perfecta para ser valiosa.

❖ Establece Límites: Aprende a decir "no" cuando algo no resuena contigo.

❖ Rodéate de Personas que te Apoyen: Busca relaciones que te permitan ser tú misma y que te apoyen en tu viaje hacia la autenticidad.

❖ Practica la Vulnerabilidad: Compartiendo tus verdaderos pensamientos y sentimientos con aquellos en quienes confías.

¡Practicando estas estrategias en tu vida diaria, serás una Mujer no solo Auténtica sino también Feliz!

Ya que hemos aprendido la importancia y las estrategias para ser auténtica, es momento de ponerlo en práctica en nuestra vida diaria:

❖ En el Trabajo: Sé honesta sobre tus capacidades y límites. No tengas miedo de expresar ideas y opiniones, incluso si son diferentes a las de los demás.

❖ En las Relaciones: Comunica tus necesidades y deseos de manera clara y sincera.

❖ En las Redes Sociales: Publica sin sentirte presionada por la sociedad.

Preciosa Mujer, recuerda: ¡Tu Autenticidad es tu Superpoder! Es un viaje continuo, una práctica diaria de ser fiel a ti misma. Abraza tu verdadera esencia y descubre la fuente inagotable de fuerza y belleza que te permitirá vivir una vida más plena y significativa. Y no olvides, la autenticidad no solo te beneficia a ti, sino también a quienes te rodean, ya que también les inspiras a ser ellos mismos.

Así que, valiente mujer, abraza tu autenticidad con orgullo y confianza. Sé la persona que estás destinada a ser y permite que tu luz brille, iluminando el camino para ti y para los demás. ¡El poder de la autenticidad está en tus manos!

Capítulo XII

¡Qué de Tu Vida!

En el vasto lienzo de la existencia, cada ser humano es un pintor único, mezclando colores y trazando líneas que definen su realidad. "¡Qué de tu vida!" no es solo una exclamación; es un llamado a la reflexión profunda y a la celebración de la singularidad que llevas dentro.

Imagina tu vida como un río vasto y serpenteante, lleno de recodos inesperados, corrientes poderosas y tranquilas orillas. Cada momento, cada decisión y cada emoción contribuyen a la gran sinfonía de tu experiencia personal. En este capítulo, nos sumergiremos en las aguas de tu conciencia, explorando las historias que has acumulado, las batallas que has librado y los triunfos que has celebrado.

Aquí, te invito a detenerte y a contemplar el paisaje de tu vida. ¿Qué ves? ¿Cuáles son los colores que predominan? ¿Dónde están los claroscuros y los colores resplandecientes? ¿Te encanta tu paisaje? Este viaje introspectivo no solo se trata de mirar hacia atrás, sino también de proyectar hacia adelante, permitiéndote redescubrir tu propósito y renovar tu pasión por el camino que aún queda por recorrer.

A lo largo de estas páginas, aprenderás a valorar cada fragmento de tu historia, incluso aquellos que parecían insignificantes o dolorosos. Porque cada experiencia, cada emoción, ha contribuido a esculpir la persona que eres hoy. Y es precisamente esa mezcla única de vivencias la que te otorga una fuerza. Es hora de abrazar todo lo que eres y todo lo que has sido. Es momento de exclamar con orgullo y asombro: ¡Qué de mi vida!

Por eso, mujer... Con esta expresión exclamativa ¡Qué de tu vida! Deseo remover tus fibras, sacudir tu alma, revolucionar tu interior. No se puede continuar siendo la misma de ayer; el tiempo ha pasado y todo ha cambiado. Aún en la misma naturaleza observamos diferentes cambios: el mar y los ríos se mueven de su cauce, los hijos que ayer acariciamos cuando eran bebés, ahora han crecido. Todo cambia con el paso del tiempo. ¿Y tú? ¿Qué de tu vida? Tú eres una valiente dama, y la valentía implica estar dispuesta a desafiar todas las adversidades que la vida nos presente.

Valentía también es reconocer y cuestionar nuestros miedos y prejuicios, y trabajar activamente defendiendo nuestra integridad, no solo por nosotras sino para dejar un legado a las nuevas generaciones, construyendo así un mundo más humano y diferente.

¡Mujer valiosa! Marca una huella imborrable con toda tu fuerza, capacidad y resiliencia, de tal manera que mañana alguien pueda reconocerla y exclamar: ¡Por aquí pasó una mujer valiente!

Voy a contarte la historia de una mujer llamada Anniell. Su infancia la vivió al cuidado de sus padres, disfrutando de la grata compañía de sus hermanos con quienes compartía bellos y maravillosos momentos. Era de hermoso aspecto físico y muy inteligente. En su adolescencia fue pretendida por los jóvenes de su misma edad, era sobresaliente académicamente y gozaba del amor de sus padres.

Anniel se enamoró de un joven y pronto quedó embarazada. Por ser mayores de edad, tomaron la decisión de casarse, celebrando una gran fiesta de bodas. Anniell dio a luz a su hijo, pero al poco tiempo de casados, Anniell ya no reflejaba felicidad en su vida conyugal. Era evidente el maltrato físico y psicológico por parte de su cónyuge; su paraíso se había convertido en un infierno, siendo agredida y coartado su derecho a defenderse.

Su esposo se volvió un hombre desleal, cometiendo actos de infidelidad incluso con sus amigas. ¡Creo que ninguna mujer quisiera estar en estos zapatos! La vida de Anniell cambió significativamente; ya no tenía ninguna aspiración ni motivos. Se volvió una mujer llena de temores e inseguridades, lo cual le apagó la voz, adormeció su espíritu y dominó su voluntad. Así vivió por muchos años.

¡Pero siempre brillará una luz de esperanza que nos dirigirá a un agradable despertar! Un buen día, Anniell reaccionó y se dijo a sí misma: "No me gusta este estilo de vida; necesito hacer cambios". Pensó en ella y buscó ayuda para encontrar la mejor salida. Haciendo sus mayores esfuerzos, continuó con sus estudios superiores, al mismo tiempo que leía libros de autoayuda y recibía terapia profesional y espiritual. Esto le ayudó a reconstruirse emocionalmente y así salir de su abismo emocional. Tomó la determinación de divorciarse, se empoderó convirtiéndose en una mujer empresaria, fortaleciendo su autoestima, seguridad y confianza en sí misma. Después de esta mala experiencia, se volvió una potencial motivadora de mujeres.

La siguiente historia trata de una joven muy bella, con sólidos valores morales, una gran soñadora, muy inteligente y con mucho anhelo de superación en su vida. Esta es la historia de Perla.

Perla era una joven universitaria llena de sueños y ambiciones. Con una mente curiosa y un corazón apasionado, se adentraba en el mundo del conocimiento con la esperanza de construir un futuro brillante. Sin embargo, como muchas historias de la vida, en esta parte la de Perla no fue la mejor.

Un día, en una de sus clases, conoció a Sebastián, un compañero de universidad con una sonrisa cautivadora y un carisma que la hizo sentir mariposas en el estómago. Pronto, esos encuentros fortuitos en los pasillos de la Universidad se transformaron en largas conversaciones y, antes de que se diera cuenta, Perla se había enamorado profundamente de Sebastián.

El amor de Perla por Sebastián la llevó a descuidar sus estudios, él la alejó de sus amistades, y ella se entregó por completo a esta relación, creyendo que había encontrado a su alma gemela. Sin embargo, con el pasar del tiempo, Sebastián comenzó a mostrar un lado oscuro. Las palabras dulces se convirtieron en insultos, las caricias en golpes y empujones, las promesas de amor en manipulaciones constantes. Perla, atrapada en un ciclo de maltrato físico y verbal, no podía encontrar la fuerza para cortar la relación. El miedo y la dependencia emocional la mantenían atada a Sebastián, aun cuando su corazón y su espíritu se rompían más y más cada día.

En medio de este tormento, Perla comenzó a experimentar un doloroso cuadro de ansiedad. Las noches se llenaban de insomnio, su mente se desbordaba con pensamientos oscuros y su cuerpo se sentía atrapado en una constante tensión. La ansiedad hacía que cada día fuera una lucha, una batalla silenciosa que libraba en su interior mientras intentaba mantener una fachada de normalidad.

Pero llegó un momento, un instante de claridad en medio de la tormenta, en el que Perla decidió que merecía algo mejor. Con una valentía que ni ella misma sabía que poseía, terminó la relación con Sebastián. Fue un acto de liberación, un primer paso hacia la recuperación de su vida y su dignidad.

Determinada a comenzar de nuevo y dejar atrás las cicatrices del pasado, Perla tomó una decisión radical: emigrar de su país de origen. En tierras lejanas, encontró nuevas oportunidades y lo más importante, redescubrió a la Perla que había perdido en medio del sufrimiento. En este nuevo capítulo de su vida, conoció a Ángel, un apuesto caballero que compartía sus valores y la respetaba profundamente. Ángel la trata con el amor y la consideración que siempre había merecido, y juntos están construyendo una relación basada en el respeto mutuo y la admiración.

Hoy, Perla es una joven radiante y feliz. Se ha reconstruido emocionalmente y está disfrutando una nueva etapa de su vida. Su historia es un testimonio de que, sin importar cuán oscuro sea el túnel, siempre hay una salida hacia la luz. Perla aprendió a amarse a sí misma, a reconocer su propio valor y a no conformarse con menos de lo que merece. Además, aprendió a manejar su ansiedad, buscando ayuda profesional y espiritual, adoptando prácticas de autocuidado que fortalecieron su espíritu.

Que la historia de Perla te inspire a tomar el control de tu vida, a buscar siempre el respeto y el amor verdadero, y a recordar que tú eres la arquitecta de tu propio destino. ¡Qué de tu vida, mujer valiente!

Así como Anniell y Perla, muchas mujeres nos dan un gran ejemplo de motivación y superación para todas las que quieran cambiar su historia. Estamos llamadas al cambio, a la superación, y a la motivación para ayudar a otras.

Sirvan estas historias como un desafío para aquellas mujeres que estén viviendo una situación parecida y ¡recuerda!:

- ❖ No es después, es ahora
- ❖ No es tristeza, es alegría
- ❖ No es llanto, es sonrisa
- ❖ No es el cuarto oscuro, es la luz de un nuevo día
- ❖ No es la depresión, es felicidad
- ❖ No es la traición, es lealtad
- ❖ No es maltrato, es comprensión
- ❖ No es decepción, es motivación
- ❖ No son palabras, son acciones
- ❖ No es prometer, es cumplir
- ❖ No es aspereza, es delicadeza

¡Wow! ¡Lo que acabas de leer es un hermoso cuadro de reciprocidad al alcance humano! Sin ningún costo monetario pero fundamentado en la base del amor propio y el apoyo mutuo.

¿Qué de tu vida? Es algo tan sencillo de comprender que por ser tan humanas nos merecemos un trato como tal, porque los humanos somos frágiles, vulnerables y sensibles. Nuestra vulnerabilidad debe ser abordada con sensibilidad, amor y compasión. Reconocer esto fomenta la conexión y comprensión en las relaciones de pareja y en toda relación.

Somos productos de lo que pensamos, decimos y hacemos. Permitámonos la oportunidad de hacer cambios sustanciales. Cada amanecer es una nueva oportunidad para despertar la pasión, explorar sueños, alcanzar metas y ¡Vivir la vida a plenitud!

Así que, querida lectora, mientras cierras estas páginas, recuerda que en tus manos tienes la llave del propósito divino que Dios ha trazado para ti. Acepta el desafío de conocerte, valorarte y transformarte. No temas a los cambios; ellos son los que nos permiten crecer y descubrir la grandeza que reside en nuestro interior. Recuerda que "Tú y Yo nos parecemos" y en esa similitud radica nuestra fortaleza. Abrázala, vívela y comparte tu luz con el mundo. Hoy es el primer día del resto de tu vida. ¡Haz que cuente!

Made in the USA
Middletown, DE
11 August 2024

58596100R00053